早稲田教育ブックレット No.33

AIは教育をどう変える？
—可能性と課題を学際的に追究する—

オンライン教育調査研究グループ

はじめに

近年の情報通信技術（ＩＣＴ）の発展は著しく、新たな課題が大学教育に提起されてきました。新型コロナウイルス感染症が我々のＩＣＴとの関わり方に大きな変化を促した一方で、時期を同じくしてにわかに話題となった人工知能（ＡＩ）が大学教育に影響を与えています。

本ブックレットは、二〇二三年度から二年間にわたって進めてきた、教育総合研究所公募研究の研究課題「情報通信技術の発展が大学教育に与える影響に関する調査・研究―オンライン授業ならびにＡＩ利用が広がる中で教育目標・内容・方法を再考する―」の成果の一部をまとめたものです。本研究課題は、ＩＣＴの発達を享受する今日の世界において、大学教育がそれをどのように利用し、またその発達から生じる課題にどう対処すべきかを追究することを目的とし、現在大きな話題となっているChat GPTのような生成ＡＩツールに焦点を当て、大学教育のあり方を具体的に検討してきました。二年間の研究期間では、教育・総合科学学術院の教育と研究における生成ＡＩの利用状況と課題を明らかにするとともに、ＡＩに関する専門家を招聘してオンライン教育研究会講演会を開催してきました。本ブックレットは、この後者の講演会の活動において得られた知見を関係の皆様と共有できるようにと企図されたものです。

講演会では、三名の専門の異なる専門家を招聘し、ご講演いただきました。それぞれ学習支援工学、教育行政学、ＡＩを用いた英語教育という異なった視点からのものでした。私の個人的な感想も含め、簡単にそれぞれをご紹介させていただきたいと思います。

学習支援工学を専門とされる香山瑞恵先生（信州大学）には、工学的な視点から、ＡＩとは何か、ＡＩは何ができるのか、といったことをお話いただき、ＡＩの基本について学ぶことができました。青木栄一先生（東北大学）には、教育行政学の視点から、ロボット教師を学校に導入することによる具体的な影響や課題についてお話いただき、学校教育とＡＩとの関わり方とそこで生じてくる課題についてイメージすることができました。さらに、松山洋一先生（エキュメノポリス／早稲田大学）には、ＡＩを実装した英会話教育支援について、本学発のスタートアップ企業で実際に開発された英会話能力自動判定システムを通してお話いただきました。ＡＩを用いた英語教育が実際に実用化されていることに大変驚かされました。

いずれのご講演も大変興味深く、研究会参加者の生成ＡＩについての理解を非常に進めてくれるとともに、大学教育における生成ＡＩの利用の今後の展望と課題について議論を深めることができました。三名の先生には大変貴重な機会をいただきました。最後になりますが、この場をお借りしてお礼を申し上げます。

二〇二四年一一月吉日

早稲田大学教育・総合科学学術院教授　宮川　健

人工知能とつくるミライ

信州大学学術研究院（工学系）教授　香山　瑞恵

最初に簡単に自己紹介させていただきますと、私は学習支援工学を専門にしておりまして、教育工学の中でも技術寄りの人間です。もう少し狭くいいますと、ＡＩＥＤ（Artificial Intelligence in Education）という人工知能技術を使った学習支援システムが専門分野になります。

学習支援工学の中でも特に情報教育がメインなのですが、学習指導要領の委員ですとか、プログラミング教育の実践ガイドの作成ですとか、文部科学省の仕事も多くさせていただいております。他にも、たとえば高校で遠隔教育が二〇一五年から単位化したのですが、その関係の仕事もさせていただきました。また最近は、教育のＩｏＴをベースにした教材を現場に持って行って使っていただくということもしております。

また勤務先の信州大学で何をしているかといいますと、たとえばオペラ歌手を目指す方の声の解析や支援をしておりまして、これは「ＡＩが育てる声楽家」という形で新聞でもご紹介いただいています。また海外の美術大学への留学を希望する生徒が通っている専門学校と一緒に、絵を描くプロセスを全て記録していき、裏側にＡＩ、推論エンジンを置きまして、その絵を書くプロセスに対して、こうした書き方は良くないといったことを指摘するということにも取り組んでいます。また、特殊な加速度センサーを用いて、歩き方の特徴から認知症を発見するという課題にも取り組んでおりまして、こういう様々な分野に関わらせていただいているということからも、人工知能の可能性というものをご理解いただければと思います。

ＡＩとはなにか

さて、ここから本題に入って行こうと思うのですが、最初に皆さまに質問です。日常生活の中で活躍しているＡＩには何があるでしょうか。多分、皆さまがきょう朝起きてからこちらにお座りになるまでの間に、片手で数えられるよりももっと多くＡＩに触っているはずです。

まず身近なところからいきますと、たとえば仮名漢字変換は二〇年前には最先端のＡＩでした。文脈に即した漢字の変換をすることは、今では当たり前のように感じられるかと思いますが、日本語は同音異義語が多い言語であることを考えると実は高い技術が必要です。他には、たとえば天気予報があります。これもスーパーコンピュータを使って演算しているＡＩなんですが、私どもが小さい頃は、明日の天気の予報というのもそれほど正確ではありませんでした。それに対して最近ですと、このエリアの一時間後とか五分後に雨が降りますといったように、かなり狭いエリアの予報ができるようになって、かつ精度も良くなっています。

他にもたとえば自動翻訳のような、言語を別のものに入れ替えていくことにもＡＩは関わっていますし、カーナビゲーションや乗換案内もそうです。またＯＣＲやマークシートを読み取っていくような形のものもありますし、カメラをかざすと笑顔判定してくれて、みんな笑顔になったらシャッターを切ってくれるなんていう機能もあります。

このように、ＡＩはすでに身近な日常に深く根ざしているわけですが、ではＡＩとはどんなものので、どういった限界があって、どんな未来が考えられるのかということを、きょうは一緒に考えてまいりたいと思います。

それでは、ＡＩすなわち人工知能とはそもそも何かというところから入っていきましょう。

さて、人工知能には実は全世界的な定義というのがありません。ある人は、「学習、認識、判断する能力を備えているコンピュータをＡＩといってよい」、つまりＣＰＵが入っているコンピュータ自体をＡＩといってもいいんじゃないかといっています。ある人は「人間のように考えることができるコンピュータを人工知能といってよいのではないか」、またある人は、「人工的に作られた知的な振る舞いをするものを人工知能といってもいいんじゃないか」といっています。このように、少しずつ定義が違っているのが現実です。

さて、ここで有名なロボットについて少しお話をさせていただきます。二〇一七年にバックフリップをするロボットの動画が公開されて、ご覧になったことがある方も多いのではないかと思います。バックフリップを成功させたこともすごいのですが、その動画の真骨頂は、バックフリップをした後にありまして、実はロボットが少しよろけているんです。

このロボットは、実はバックフリップをできるようになるまでに何万回も失敗を重ねています。そのように失敗しながら徐々にできるようになっていくのは、人間が知識を獲得していく過程と似ていると良いと思います。

なお、ロボットというと、身体性のあるハードウエアのことをイメージしますが、人工知能自体は人が作ったプログラムなので、むしろソフトウエアの一種になります。例外はもちろんあるのですが、人工知能とは基本的には人がコンピュータ上に実装したプログラムのことです。

この「人が作ったプログラム」というのは、コンピュータが解釈可能な記号で表された指示書になりますので、この指示書どおりにコンピュータが動くことで、たとえば仮名を漢字に変換しますとか、天気予報をしますとか、ウェブの推薦広告を出してきますといったことができます。この、「人が作ったものである」というのと、「コンピュータが読むことのできる形で書かれている」というところはポイントですので、覚えておいていただきたいと思います。

ＡＩにできること

次に、人工知能にできることをざっと整理しますと、実は以下の三つしかありません。「認識」、「予測」、「実行」です。

具体例で考えましょう。スマートスピーカーに対しては声で指示を出すわけですが、「楽しい曲をかけて」という声が入力として入ってきた時のことを考えます。たとえばイヌがワンワンといってもスマートスピーカーは反応しないのですが、人間がある言語でスマートスピーカーが分かるような言葉の並びで指示を出すと反応します。日本語の場合はパージングをしていき、一つひとつの音素から単語を組み立てて、文の意味というのを識別します。そこからスマートスピーカーが何をすべきかを考えます。この場合は、「曲を探してこい」といわれている。しかも楽しい曲だということを判断して、曲のデータベースから必要なものを持ってくる。ただ、必要なものを持ってくるだけでは駄目で、「曲をかけて」といわれているから、その持ってきたものを再生するという行為をする。このように、識別、予測、実行という三つのことがなされているわけです。

別の例を申しあげますと、将棋を指すＡＩも有名かと思います。以前、電王戦という、ロボットと人間の棋士が対戦する企画がありました。この将棋ロボットの場合には、カメラが付いていて、まず盤面を見ます。盤面を見て、どこにどういう駒があるかを判別して、盤面の状況を認識するわけです。このように識別をして、次はどういう手を指したら良いのか、つまりどこにどういう駒を置いたら良いか、あらゆる可能性を考えます。そして、あらゆる可能性の中から試合に勝つために最適な手を選ぶわけです。実際、このロボットは駒を自分で挟んで盤の上に置くことができますので、駒をつまみ、必要なところに置き、放し、ちゃんと戻るということを実行します。このように、ここでも識別、予測、実行という三つのことが行われています。

また天気予報に関しては、識別というと、入力されるのは今の気温や湿度や、あるいは環境についての情報だったりするわけですが、過去のものから予測をして、一時間後はどうなります表示を出すという形で実行がなされています。

こんなＡＩですが、今ではとても身近になっていて、スクラッチ（Scratch）のようなプログラミング言語を使って小学生でもプログラムを書いて動かすことができます。このスクラッチのプログラムでいうと、認識、予測、実行は、全部で一二のブロックで行うわけですけれども、これくらいのブロックで人工知能のプログラムが書けます。グーグルのコンテストに参加する小学生もいて、ＡＩを使った問題解決をするようなプログラムをどんどん作ったりしています。

また、興味深い分野でいいますと、ＡＩは俳句のような分野にも進出しつつあります。まず次の一〇の句をご覧ください。

一　金葎（かなむぐら）　屍の跡へ　置く小花
二　花蜜柑　剥く子の道の　地平まで
三　馬蛤貝（まてがい）の　波につまづき　潮に巻く
四　撒くといふ　言葉正して　花見ゆる
五　許しがたい　臭いを　放屁虫
六　無人とは　毛深きなりし　狸かな
七　仮名の裏　がえりをそむ子人ら　梅雨晴間
八　山肌に　梟のこげ　透きとほる
九　ホルン吹く　放課後の　大夕焼けかな
十　かなしみの　片手ひらいて　渡り鳥

Open Innovation Media：ＡＩが作った俳句を見分けられますか？　俳句対決・人類対ＡＩの勝負の行方は、https://media.dglab.com/2018/07/17-ai-haiku-01/（二〇二四年一〇月一八日参照）

これらの句は、一つ前に詠まれた句の末尾の二音を次の句の頭に持ってくるという、いってみればしりとりの要領で詠まれています。ただ、実はこれらの句のうち、半分は人間が、半分はＡＩが詠んだものです。どれがＡＩの作品か識別できますでしょうか。

これは北海道大学が中心になって進めている「ＡＩ一茶くん」というプロジェクトの成果なんですが、誰が作ったのかというのを開示しないで専門家の先生に句を評価してもらったそうです。そうすると、一番良いと評価を受けたのが十番だったのですが、実はこれを含む偶数の句はＡＩが詠んだものでした。

ただ、良いという評価をもらった句もある反面、これはあり得ないだろうというような句もあるそうです。たとえば二番の「花蜜柑剥く子の…」という句ですが、花蜜柑というのは広く蜜柑類の花の総称だそうで、蜜柑はともかくその花を剥くことはないわけです。

さて、このような能力の高いＡＩであっても、やっていることは基本的に識別、予測、実行という三つです。この俳句の場合、識別というのはたとえば季語や、この場合は二字取りなので、前の句の終わり二文字を認識することです。予測は、季語や頭の二文字からつながる言葉から連想される場面みたいなものを推論すること、そして最終的には五・七・五の形で句として出すという形で実行しているわけです。

ＡＩの限界

ところで先ほど、人工知能においては「コンピュータが可読な形で書かれている」というところがポイントだと強調しました。人工知能が基本的には人がコンピュータ上に実装したプログラムである以上、認識、予測、実行をＡＩが実現するためには、学習とは何なのかとか、知識って何なのか、予測するための推論って何なのかというのを、コンピュータが分かる形で人間が記述する必要があります。そしてこの学習、知識、推論をどう捉えるのかの違いが、ＡＩの捉え方の変化と関連してくるわけです。

それぞれ少し掘り下げてみましょう。

まず学習についてですが、ＡＩにとって学ぶことというのは、自分の中でデータをためていくということです。また、その学んだ結果を、どういう形式でためておくのか、そしてどういう形式で引っ張ってくるのかというところも、知識表現とか推論機構という形で、人工知能の一大研究分野になっています。

次に推論ですが、言い換えれば考えるということも、一体どうやって実現するのでしょうか。事実というデータをためた知識として持っていたとして、事実と知識をどうやって処理しながら結果を出すのか。これについても、推論機構として、いろいろなやり方が今まで提案されてきています。ただ大まかには、if then の基本論理でやるパターンと、計算でやるパターンと、大きく二つに分けることができます。

こんな人工知能ですが、今度はその限界を少し探ってみたいと思います。

二つのパンダの写真をご覧いただけますでしょうか。左側のパンダと右側のパンダは同じに見えるかと思います。人間の目にはそうなのですが、実は右のパンダは、左のパンダの画像に、真ん中のテレビの砂嵐のような画像を合成してできています。そうしますと、これを人工知能に画像認識させると右側は九九・三%の精度でテナガザルであると認識します。左側のパンダは五七・七%パンダだと認識するにもかかわらずです。

こういうことがなぜ起こるかというと、人工知能を搭載しているコンピュータは、映っているのがパンダかどうかを認識しているのではないためです。デジタルデータであるこれらの画像は0と1のかたまりでしかなく、それをプログラムが解析をしていくので、画像に人が分からないようなノイズを入れてしまうと、AIのほうはプログラム通りに正しく処理しているのだけども、その結果は人間にとってはおかしいということになります。

AIが間違える!!

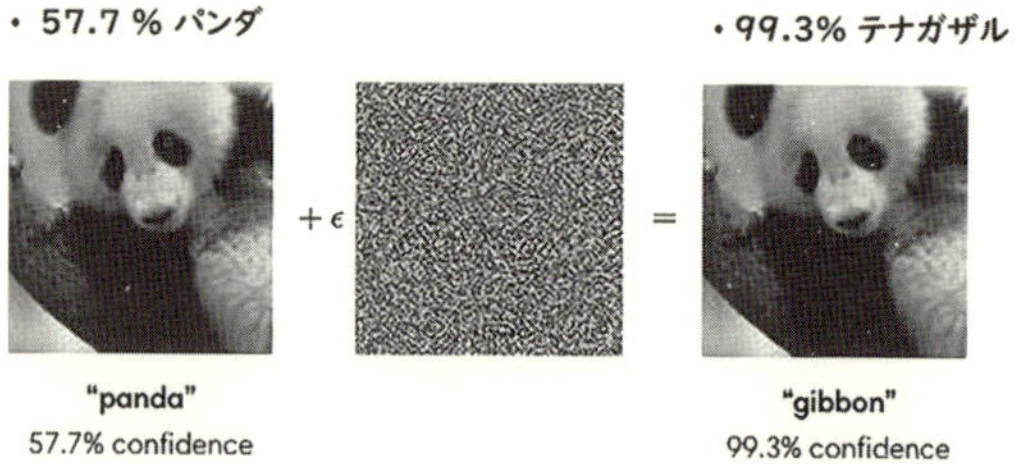

https://openai.com/index/attacking-machine-learning-with-adversarial-examples/

同じことが音声でも起こります。つまり人が聞いたら何の違和感もなく意味が取れるんですが、たとえばスマートスピーカーにそれを聞かせた時に、自分が意図するのと全く違う操作がなされてしまう場合があることが報告されています。実はこの誤認識の問題を逆手にとった敵対的生成ネットワークという技術も存在していて、これはAIを強化する技術として使われています。ただし当然、この誤認識は悪用することも可能なわけで、そのことが問題にもなっています。

おわりに

最後に、強いＡＩと弱いＡＩという話をさせていただきます。

ここでいう弱いＡＩとは、単一の機能しか持たないＡＩのことです。現存のＡＩは全て弱いＡＩで、これを強いＡＩにすることに人工知能の研究者は取り組んでいます。しかしそのためにはクリアしなければいけない社会的な壁や倫理的な壁が見つかりつつあって、どうすれば人間にとってプラスになるような、かつ科学にとっても前進になるような開発ができるんだろうかということが考えられています。日本の人工知能研究者は結構頑張っていまして、エンジニアラブルＡＩといって、人間の知識をＡＩに埋め込んでいくとか、良し悪しの判断をするような技術にしようというのでプロジェクトが始まっています。この成果にはとても期待したいところです。

政府の側でも議論は活発です。ＡＩを使う時に意識せねばならない原則というのが二〇一八年に整理されていて、ＡＩの七原則という形でまとめられています。基本的人権をおかさない、正しい利用のための教育を充実させる、個人の情報が勝手に漏れないように管理する、といった原則が日本から発信されて、今はそれがさらに世界的に広まるよう議論が始まっているところです。

最初に申し上げましたけども、人工知能には現時点で決まった定義がないこともあり、利用例だけが先走っている形になっています。まずは、人工知能というのは人間が書いたプログラムに基づいて、基本的には予測、推論、実行しかできないということを押さえることが大切かと思います。人工知能は与えるデータによってはいかようにでもおかしな振る舞いをしてしまうものなので、そのＡＩから出てきたものを信じる・信じないの判断は人間に委ねられているということにも意識的である必要があります。その上で、教育に目を向けたとき、人工知能をどんなふうに捉えたらいいのかというあたりは、今後議論をしていきたいと考えております。

以上で、私の報告を終わらせていただきます。ご清聴ありがとうございました。

ロボット教師を社会実装するために必要なこと

東北大学大学院教育学研究科教授　青木　栄一

はじめに、そもそも私のような教育行政学を専門にしている研究者が、なぜロボット教師というものに関心を持っているのかについてお話ししたいと思います。

教育行政学といいますと、一般に、教育学の中でも現場から距離のある分野と考えられがちかと思うのですが、歴史的に見ますと、占領改革の際に教育行政の専門職の養成というミッションを与えられたりもしていて、実は社会実装への意識が学問の根っこにあります。また、以前から教師に関する研究にも熱心で、私自身、教師の長時間労働についての研究もしてまいりました。特に二〇〇六年から三回ほど、教師の勤務時間について文部科学省が全国調査をしていますが、第一回立ち上げ（当時、国立教育政策研究所研究員）から、継続して調査に参加させていただきました。こうした個人的かつ学問的な経緯が、本日のお話のベースになっています。

ロボット教師への関心

とはいえ、ロボット教師に関心を持つに到った最大の要因は、あるロボット漫画を読んでいるときに、なぜ人間が人間ではないものに人間的な感情を持つのだろうと考えたことです。教育学は基本的に人と人とのインタラクションを想定してこれまでやってきたと思いますが、考えてみればペットに対して家族と同じように接している人もいます。そうだとすると、たとえば人とロボットの関係というのはどうなのだろうかということを漠然と考えました。そして、もしロボット教師がいたらどうなるかという、そういう未来予想図みたいなものからバックキャストして、今回お声をかけていただくきっかけとなったエッセイを『教育学年報』第一四号（世織書房）に書いた次第です。

そのエッセイについては、ご覧いただいている方もいらっしゃると思いますが、念のため概要だけお伝えしたいと思います。タイトルは「ヒト教師が教壇に立たない学校は可能か？―ロボット教師の養成に向けて」となっています。よくある教育学的な思考だと、技術的にどうなるかというところに焦点があたるのかと思いますが、テクノロジーをどう発達させるかという議論はもうかなり進んでいますし、私の専門分野でもありません。また、後で申しあげますが、実はヒト教師に近いロボット教師というのは、既に地方自治体レベルで検討が進んでいます。こうしたことを前提に、方法論としては非体系的レビュー、つまり有用な文献で面白そうなものを手当たり次第読んでいきましたところ、ロボット教師の社会実装に関する英語の研究論文は非常に多いのに対して、日本語文献は少なく、日本を対象とした研究というのがあまり進んでいないということが分かりました。

そして、こうした作業の結果として、きょうの研究会のテーマにフィットしそうな課題も見つかりましたので、そのあたりを中心に、これからお話ししてまいりたいと思います。

社会実装されるロボット

まず、ロボット教師を学校に本格的に導入するときに障害となりそうなことに、教師いじめやロボットいじめという現象があります。また、ロボットが教室の中で教える側になるとしたら、どんな技術的な問題があるのかということも分かってきました。たとえば一〇人ぐらいの人が一斉に話しかけた場合に、人間であれば必要な情報を得ることができます。これはいわゆる「カクテルパーティー効果」というものですが、教室で同じようにロボット教師を置くと、騒々しさの中で必要な音だけを聞き取ることができないそうです。ある自治体では英語の会話の相手をするロボットを実証実験で導入したのですが、教室の騒々しさに対応できないということが分かって、正式採用には至らなかったといいます。

こうした技術的な問題は確かにあるわけですが、本日は、ロボット教師を社会実装するためにはどういうことが必要になるのかについて考えてみたいと思います。ただ、その前に、ロボットやＡＩ教師が既に社会実装されているという私の認識について少しお話ししたいと思います。

まずDuolingoの話をさせてください。実は私も、英語の読み書きだけでなく、話して聞いてという四技能のトレーニングをDuolingoというＡＩから毎日受けています。これは、あくまでもヒト型のロボットではないものが既に社会で実装されている例ということになるのですが、ヒト型のものとしてはPepperが有名でしょう。他にもいわゆるペット・ロボットのLOVOTや、コミュニケーション・ロボットのSotaやNICOBO、Romiといったものもあり、介護などの現場で重宝されているようです。また海外では、発達に特徴があって外出しにくい子どもに、親がこうしたロボットを与えてコミュニケーションのサポートをしてもらったりもしているようです。

つまり、学校の教室というのは、ロボットにとっては騒々しい過酷な環境なのですが、家庭での一対一のインタラクションであれば、技術的にはかなりのところまできているということです。また、この延長線上で、ショッピングセンターでヒト型のロボットが道案内や売り場の案内をするというようなことは、すでに行われています。

さて少し回り道をしましたが、ここで問題になっているのが、先ほどお話ししたロボットいじめです。ロボットは、ときに人間が満足しない答えを返し続けるということがありますが、ロボットはそれを苦としません。それに対して人間の方は途中で怒ってしまって、ロボットに蹴りを入れるといったことが実際に起きています。他にもショッピングセンターで自走式ロボットが移動する先に子どもが立ちはだかって邪魔をする、明らかにいじめというべき現象も起きています。

こういう怒りや加虐心のような人間の情念を引き出す力をロボットはすでに持っているということなのか、それも人間が何か幻を見てそれをやっているのかは分かりませんが、いずれにしても人とロボットの間のインタラクションは非常に興味深い研究のテーマなのだろうと思います。

ロボットの社会実装に話を進めますと、特に介護や医療の現場では日本でもかなり進んでいて、たとえば経済産業省もかなり力を入れて推進しています。それに対して、これまでのところ文部科学省は教室にヒト型ロボットを入れるということについては、経済産業省ほどの熱量は持っていないように思います。ここには、介護や医療では一対一に近い形で行われることが多いのに対して、教育の場合、教室の中での一対多の形式を維持するとすれば、克服しなければならない課題が数多く存在しているという様子を見ることができます。

ロボット教師の課題

さて、ここからは教室へのヒト型ロボットの導入という問題について考えていきます。教育行政学には暗黙の前提がいくつかありますが、そうした前提がロボット導入の問題にどのように作用するのか、あるいは前提に対してどのような疑問を投げかけていく必要があるのかと考えていきますと、とりあえず以下のような論点があり得ると思っています。

一つ目の論点として、教える主体はヒト型であるべきなのかということです。教壇にヒト型のロボット教師が立つ時に子どもたちの抱く感情と、ヒト型ではない何かが教壇にいる時の感情は違うのかと考えると、やはりヒト型というものが、非常に重要な要素なのではないかと感じています。

二つ目の論点は、人が人を教えるという形式と関連する問題です。「教授から学習へ」と最近よくいいますし、今日、教師の役割が変わりつつあると感じています。そうならばロボットというのは、どういう機能を担うことができるのだろうか、既存の定型的知識を定着させるのであればフィットするかもしれないわけですが、シナリオが存在しない探究型の学習で、ヒト教師が苦労していることの解決までロボット教師に期待できるんだろうか、というようなことを考えます。

三つ目の論点として、生徒は教師に「服従」するという教育学の前提からくる見落としがあります。服従、という言葉は適切でないかもしれませんが、これが前提にあるからこそ逸脱行為として対教師暴力というのが存在するわけです。漫画等の作品を見ますと、ロボットと人との間には、基本的には共存物語が描かれがちです。しかし、映画『二〇〇一年宇宙の旅』のコンピュータＨＡＬのように、ロボット教師が悪いことをするかもしれないし、逆に既にご紹介したように、ヒト生徒によるロボット教師いじめというのは予測されるわけです。その点を考慮せずに社会実装すると、いろいろ大変なことが起こると考えています。

四つ目の論点は、教育というのは対面、同一の場にサービスを受ける側が集まるという前提、すなわち教室で行われる行為であるという想定の問題です。コロナ禍によって、オンラインの教育ができるということが分かった今の社会で、どのくらいこの教室モデルが使えるものなのか、適用できる範囲はどこなのかという議論も必要になってくるかと思います。オンラインで全て完結するならば、ロボット教師、ヒト型の実在のロボット教師を教壇に立たせる必要はなくなるわけです。ただ、もしもヒト型ロボットが教壇に立つことに意味があると考えるならば、労働力不足を補う存在としてのロボットに期待をせざるを得ないでしょうし、そこで起こりうる問題も考えねばならないでしょう。

五つ目の論点ですが、ロボット教師というのは、完成品として教室に実装されると思いがちですが、人と同じような養成課程が必要だろうということです。教員養成を担うのは、今の日本では主として大学になっています。大学政策のトレンドを見ると、いろいろな技術の社会実装のために企業から資金を出してもらうこともあります。そう考えると、ロボット教師の育成のために、産学連携と無縁だと思われていた教育学にも連携の余地があるのではないかと考えていますし、その道を模索していくことが求められるはずです。

ここからは、実装することがもたらす学校へのメリットについて、今の時点で考えることを述べていきます。これは主に三つあります。

一つ目に、私は法制度の整備に伴って、建前上は人の長時間労働ができない社会が間もなくくると考えていますが、ロボット教師はメンテナンスを除けば二四時間三六五日動いてくれるはずです。日本の教育のコンテクストに即して考えると、日本では日本語がしゃべれないと教師ができず、労働力不足が顕著です。たとえばアメリカでは今、フィリピンから公立学校の先生を移民として受け入れています。日本ではそれはほぼ不可能なわけですが、そのような日本語バリアを打ち破りつつ、ヒト教師を代替するロボット教師というのには期待できると考えています。

また、少子化に伴って、大学新卒者が激減していますから、多くのセクターで人手不足が深刻化しています。ロボット教師は人手不足への対応の点でも大いに議論すべきテーマです。

二つ目として、これはいろいろと問題含みかもしれませんが、夜型の生徒にもロボット教師は対応できるのではないかと思います。朝起きられないから不登校になっているという児童生徒がいるなら、夜型向けの学校に通ってもらえれば良いわけです。それなりの数のエンジニアが夜型であることを考えれば、朝起きられないと社会に出て困ると生徒を脅す必要はないわけで、それどころか夜型の、つまり夜間開講だったり二四時間営業の学校を作って校舎の稼働率が一〇〇%になれば、それは良い税金の使い方ではないかとすら思います。

それから三つ目、ロボット教師はプレーンな状態であれば不出来な生徒に怒りません。同じミスを何度しようが、粘り強く同じ問題を出題してくれます。ヒト教師であればこういう状況にイライラしてしまうでしょう。考えてみれば、ヒト教師はいろいろなところで対生徒リスクを抱えています。ヒト教師であれば、プライベートで何か問題があって機嫌が悪くなり、生徒に対してつい怒ってしまうということは十分あり得るわけですが、ロボット教師にそういうようなことはありません。もちろん教室の場で人と人とのぶつかり合いから成長するという考えもありますが、果たして反面教師としてのヒト教師にヒトの子どもの成長を期待して良いのかも気になるところです。ロボット教師に教えてもらったほうが良かったという人たちが今ですらすでにいるかもしれませんし、そのような子たちはヒト教師にうんざりしている可能性もあります。

大学への影響も少しお話しします。ここでも論点は三つです。

まず、私は大学教育というのは本来普遍性があって国境を越える点に本質があると考えています。にもかかわらず日本の大学というのは、日本語バリアがそれを妨げてきたのではないでしょうか。日本の大学の問題点として、英語の母語話者が学生になってくれないということがあるかと思います。論文指導であればまだ問題は少ないと思いますが、学部のマス型の授業は成立するかと考えたとき、分かりやすいです。この問題は、機械翻訳の同時通訳が実用化されれば解決する可能性が高いでしょう。そうすると海外の学生を、学費を払ってくれる学生として呼び込むことができる時代がくるのではないかと思います。

二つ目に、大学においてもヒト教師の役割の再考が求められているように感じます。これは私の実感ですが、コロナ禍のオンラインのみの授業で、たとえばレポートの課題をいつまでにとか、きょうはミニレポートを出してくださいというのに対して、分かっているのかいないのか、微妙な反応をする学生が三割ぐらいいたように思います。こちらが何度いってもずっと質問を繰り返す、あるいは全然分からないという学生もいましたし、脱落して質問すら諦めるという学生もいたはずです。オンライン教育オンリーで大学の教育を提供するとしたら、学生の理解度の格差というのは看過できないものになりそうです。ですからコンテンツの提供者としての大学教員の役割に加えて、学習の伴走者としての役割というのが必要だといえると思います。ただ、今の大学は、一対多でやっていますので、福祉施設のコミュニケーション・ロボットのように、一対少数の形のロボットが活躍するのは難しい。現在のヒト大学教員の代替としてヒト型ロボットというのは、かなり厳しいのではないかと思います。

そして三つ目に、大学教育というのは固有性が高くて、学部教育でも先生方それぞれのご専門をベースに授業は行われていますので、ロボット教師を導入するのであれば、たぶん教育内容の標準化が必須になるでしょう。その場合、従来型の大学教育とは異なる教育の姿が現れることになります。

おわりに　教育学の課題

ロボット教師を社会実装するためには、その養成機関について真面目に考えていく必要があるのではないかと思います。少なくともロボット教師の社会実装初期において、現実の教室ではヒト教師がメイン、ロボットがサブの役割を果たすはずですので、ヒト教師がロボット教師と協働する訓練の場というのを作ることが最初に必要かと思います。もう一つは、ロボット教師が生徒を教える訓練ですが、複数の子どもたちに一斉に話しかけられたとき、それらをさばく技能をロボットはまだ持っていませんので、その訓練や技術開発が必要となります。そしていずれはロボットがロボット教師を育成するという発想も必要でしょう。

そして最後に申しあげたいのが、教育学の見直しについてです。ヒト教師とヒト生徒の関係についての前提が見直されていくだろうと思います。ヒトがヒトを教えるという発想だけで教育という営為が展開しなくてもいい時代ですし、そういう時代を想定して教育学というのも見直しをしていく必要があるのかと思います。

論点として出しきれてないんですけれども、ロボットというのは記録のデバイスが非常に発達して、視覚とか聴覚とか全部記録できます。たとえばアメリカのスクールポリスは、胸にカメラを付けています。時々生徒を制圧するシーンとかがネットに流出したりしますけども、そういう記録情報に誰がアクセスして、誰が分析して、誰が保護するかというのが重要な現代的問題になっています。ビッグデータで教育が良くなるみたいな未来絵図ばかりではないわけで、プライバシーの問題のように、今後深刻化しうる問題を教育学は確実に捉えていく必要があると思います。

私からの報告は以上です。次のパートでの皆様との対話を楽しみにしております。ご清聴ありがとうございました。

Tutorial English AI ―文理融合型技術と言語コミュニケーション教育が拓く未来―

株式会社エキュメノポリス代表取締役
早稲田大学知覚情報システム研究所客員准教授　松山　洋一

研究会にお招きいただき、ありがとうございます。本日は今私が取り組んでいるTutorial English AIプロジェクトにつきまして、お話をさせていただきます。

はじめに簡単に自己紹介をさせていただきますと、私は本学の基幹理工学研究科で博士号を取得してからカーネギーメロン大学で五年ほど研究いたしまして、二〇一九年に帰国したあとはChat GPTのような会話型の生成ＡＩを社会実装していくことを目指して応用研究を続けてまいりました。そうした経緯もありまして、二年前に早稲田大学発のスタートアップ企業としてエキュメノポリスという会社を設立して現在に至っています。そしてこれまで中心的に取り組んできたのが、これからご紹介するTutorial English AIプロジェクトということになります。

人間は会話をする存在である

私は、人間というのは生まれてから死ぬまで会話を続ける存在であり、人と話すということには根源的な意味があると考えています。そのような会話という現象にずっと魅了されていて、文法、音響、談話の構造など言語学でも議論されてきた理論や知見を工学的に再現するような研究を二〇年近く続けてきました。ロボットやバーチャルエージェントを用いて会話システムを構築してきて、VRゴーグルを用いるものなど様々なデバイスも用いてきたのですが、本日お話しする英会話の学習支援も、そのような会話システムの延長線上に位置しています。

さて、人間の会話能力にはいくつかの側面があります。まず表層的なところで、どのような言葉をやり取りするのかという言語スキルがあります。次に、発言や頷きのタイミングやジェスチャー、またあえて言葉を被せるようなインタラクションなど、マルチモーダルな時間的構造に関わるインタラクションスキルが挙げられます。さらに、ただ相手に言葉を投げつけるのではなく、相手との関係を構築する中で、どのように距離感を取りながら言語スキルを使うのかという関係構築スキルも考えることができます。

私はこれらの重要な三つの側面に注目して、様々な技術的応用を試みてきました。ただ、日進月歩で人の知能に迫る、あるいはそれを超えていく勢いのAIを作る上で、そうしたアルゴリズム自体を作成することと同じかそれ以上に重要なのは、能力を測る「ものさし」を作ることです。AIの最適化や賢さについての指標が曖昧なことが現在の問題であって、次のイノベーションを考える上では、そうしたAIのものさしを作って社会に浸透させることが重要です。

教育の分野では、文部科学省の学習指導要領などものさし作りの長い歴史がありますが、私自身はといえば、実は会話AIの研究者として、長い間そうした意識はあまり持っていなくて、

「こうやったら楽しい会話になるだろう」というふうに、今思えば安易に考えていた部分がありました。しかし、このままでは社会で人と一緒に仕事をするようなＡＩはできないという危機感を持つようになりまして、それでものさしを作ることを五～六年前から考え始めました。こうして着目したのが言語教育です。人文学の分野で蓄積された、第二言語の習得や発達の分類法や指導法に関する洗練された知を、最新のＡＩに応用すれば、ＡＩを教育するものさしを作れるだろうと直感しました。

チュートリアル・イングリッシュとＣＥＦＲ

言語教育に興味を持った私にとって、研究のパートナーとして真っ先に浮かんだのが早稲田大学のチュートリアル・イングリッシュでした。これは中野美知子先生と白井克彦元総長のもとで一九九七年から始められたもので、私が大学に入学した二〇〇一年にはパイロット運用が行われていました。教室の中で複数人のグループを作って英会話をする授業でしたが、ほぼ全学向けに実施されているという点で先駆的なものでした。そして二〇〇一年にＣＥＦＲ（欧州言語共通参照枠）というものさしが発表され、チュートリアル・イングリッシュも進化していく中で、ＡＩでこうした学習効果の高いインタラクティブな授業の支援を行えることを直感しました。そこでアメリカから帰国すると、さっそく中野先生やチュートリアル・イングリッシュを運営している早稲田大学アカデミックソリューションのスタッフの方、また教育学部の澤木泰代先生といった方々からご支援をいただく形で、二〇一九年頃にプロジェクトを開始しました。

当時、現場で一番大きな問題だったのはクラス分けでした。チュートリアル・イングリッシュは会話志向の授業なのにペーパーテストでクラス分けがなされていたせいで、読み書きが得意な学生たちを中心に、スピーキング能力とクラス・レベルとの乖離が起きて、学期の途中で再度クラス分けを行う必要が生じていました。また、授業後にスピーキング能力をダイレクトに測って進度をチェックしたいというニーズもありました。

ここでベースとしたのが、さきほどのＣＥＦＲです。これは欧州評議会で作られた、様々な言語を第二言語として習得するための測定法や指導法も含んだ指標です。この真髄は、言語を学ぶことは単なる単語の暗記などではなくて、人間を社会的な環境に条件付けられた存在として見て、必要なコミュニケーションをできるようになることだと捉えている点にあります。条件があるからこそ会話が成立するのであって、特定のタスクを達成するために、今持っている能力をどう使うかが重要だということです。

ＣＥＦＲの内容は「言語習熟度（proficiency）」と「状況ごとのスキル・戦略（can-do）」、つまり言語の習熟度をどう測るかというものさしと、状況を定義するレシピ（タスクや条件のcan-doリスト）で構成されています。また習熟度としては、基礎レベル（Ａ１・Ａ２）、中級レベル（Ｂ１・Ｂ２）、上級レベル（Ｃ１・Ｃ２）の六段階に分類されています。日本人の英語のレベルは概ね基礎レベルで、早稲田大学ではＡ２が多いものの少数のＢ１もいて、国際教養学部などでは上級レベルが多数です。ただ、こうしたレベルの評価基準は曖昧で、個人のレベルを判定するには人間同士の会話で測るしかありませんでした。それはトレーニングを受けた人が特別なプロトコルの中で測るというもので、高額の料金が必要になります。最近ではＡＩを使ったスピーキングテストも登場していますが、その場合もアプリに向かって一人で話すものがほとんどで、発音や文法の能力は測れても、社会的な状況で他の人とうまくやり取りする能力については絶望的に測れません。

そこでオーセンティックな会話を通して、より理論的にそうした能力を測ることができる、人と同等に機能する会話エージェントの開発を目指して、二〇二〇年度から五年計画でこのプロジェクトを開始しました。ここでは言語教育の専門家とＡＩ研究者が連携して、コミュニケーション能力の判定や納得感のあるオンライン授業システムを実現することが目指されています。それは三つの柱で構成されていて、まずチュートリアル・イングリッシュの授業を最大限活用して、人間同士のオーセンティックな英会話データを集めました。そうして得られたデータの分析を踏まえて、次に能力判定システムを開発しました。そして今、こうしてものさしができて能力を測れるようになったところで、この後どのように人を成長させていくべきか、そしてそれをどうＡＩで支援できるかという課題に取り組んでいます。

LANGX Speaking の可能性

このプロジェクトを社会実装したものとして InteLLA（Intelligent Language Learning Assistant）というキャラクターが登場する LANGX Speaking という製品があります。これは今早稲田大学で運用されている能力判定システムで、様々なタスクが与えられる一五～三〇分程度のテ

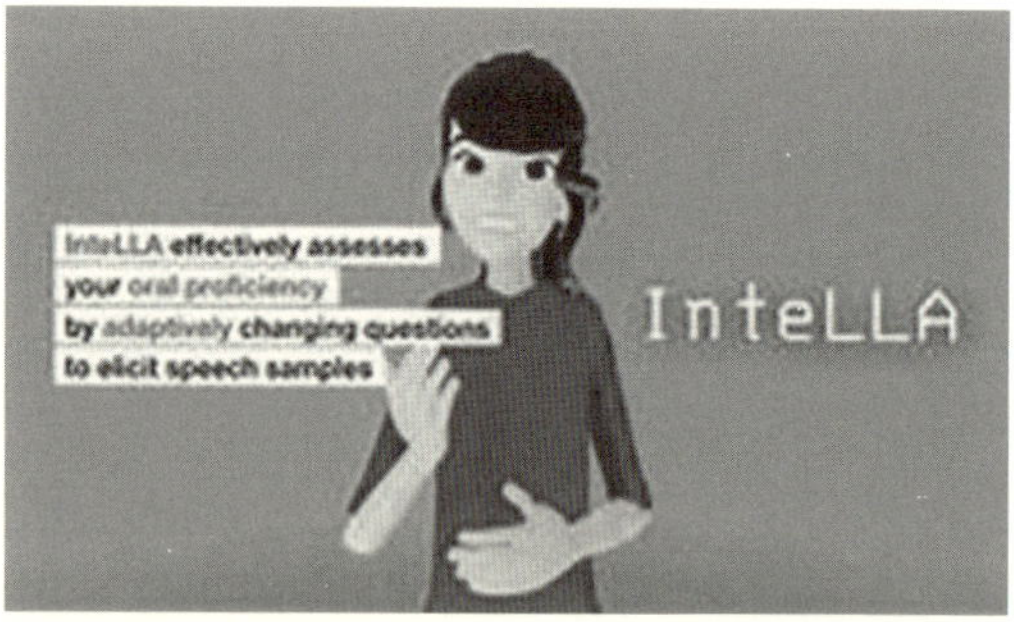

ストからなっていて、第一部がインタビュー、第二部が自由会話という二部構成をとっています。

まず第一部で一〇分程度のインタビューをします。たとえば最初はスモールトークから始めて、リラックスしてもらった上で発話ごとに逐次その人の能力を判定し、あるレベルが確定したらブレイクダウン（言い淀むなど会話が破綻した状態）を予想しつつもあえて一つ高いレベルの難しい質問を投げかけ、予想通りにブレイクダウンが起きた場合はまた質問のレベルを一つ下げるという形で振動させながら一〇分間テストを行います。こうすることで人の能力を引き出し、その人の能力の限界の近傍の部分のデータサンプルを採取できるという仕組みです。一〇分間の時間を無駄にせず有効に使い、運用中にリアルタイムでユーザーの反応を見ながら、アクティブにAIの方からデータを取りに行くというアルゴリズムがポイントで、これが会話型AIの良さだと思います。

この一〇分間でユーザーのレベルが判明すると、次はそのレベルに合った五～一〇分程度のロールプレイを課します。たとえばものの貸し借りや予定などについての友人との交渉や職場での意思決定など様々なタスクがあって、その上でAIがなかなか引き下がらないパターンや議論をファシリテートするパターン、反対に積極的に議論を進める人に合わせて追従するパターンなどもあります。こうして第二部では、第一部のインタビューとは異なるインタラクティブな状況下で、知識だけではなく、うまく会話を作っていく能力を測ることができます。このように、相手からオーセンティックにデータを採取して、その上で最終的にレベルが判定されます。

この判定基準にＣＥＦＲを用いるわけですが、習熟度に関しては先に申しあげた六段階に加えて、さらに「表現の豊富さ（語彙力）」「文法力」「発音の良さ」「流暢さ」「一貫性（論理的に相手を説得したり会話を進める力）」「やり取り（人と話している時に傾聴するなどスムーズに話ができる力）」の六項目も測定されます。

このアルゴリズムはとても複雑で、映像と音声からの情報抽出に加えて、テキストの特徴、音声の特徴、発音の特徴、顔の表情なども補助的に用いながら最終的にレベルを判定するマルチモーダルなニューラルネットワークモデルになっています。細かい部分では、最初に音声認識がそのまま入力されるだけでなく、たとえばターンごとに区切る場合や、文ごとに区切る場合など、様々な形で入力されていきます。言語の特徴抽出については、生成型のモデルを用いて言語表層的な言語情報から抽象的な特徴を抽出していきます。語彙の特徴については、ある程度の辞書情報だけでなく事前に学習させたＡＩの語彙使用に関する言語知識も用いて特徴を抽出しています。文法も同様に、ある程度の事前知識を膨大なデータから学習させています。また発音能力については音声情報はもちろんのこと、読唇術の知見も用いて口の動きの画像からも特徴を抽出して補助的に用います。

このように様々な知識を使って、それを最終的に巨大なニューラルネットワークのアーキテクチャーとして組み上げてレベルを判定する仕組みなのですが、その結果、判定精度はとても正確で、重み付きカッパ係数は〇・九二〜〇・九七という高く安定したスコアとなっています。この数値はトレーニングされた人間の場合でも、大体〇・八〜〇・九の間の値をとることを考えますと、ＡＩはかなり正確だといえます。

このような正確性に加えて、その副産物として様々なアナリティクスを出すことができます。上級レベルの単語はどれかといった語彙の使用のディストリビューションや、文法の間違え方、どこにポーズが入ったかといったことが分かります。たとえば初学者と上級者とでは、ポーズの場所と長さの違いに意味を見出すことができまして、このようなポーズによってスコアは変わります。さらに発話を解析して表される修辞構造を見ることで、その文章の表現がどの程度複雑さや幅を持っているのかも分かります。そして全ての発話に対してこうした解析を行っていけば、スコアリングだけでなく、その人のレベルを上げるためのアドバイスの自動生成にも用いることができます。またインタラクション能力に関しては、ターンマネジメント（相手との会話をリズムよく展開する力）、トピックマネジメント（論点に沿って会話を適切に展開する力）、ブレイクダウンリペア（会話や論点のずれを修正する力）なども徐々に測れるようになってきています。

ちなみに早稲田大学では現在、新入生の半数以上がこの LANGX Speaking を受験していて、他に九州大学や東京大学などでも導入が進んでいます。

また、新たな展開として、中高生を対象にした実証実験も行っています。千葉県のある高校での実証実験では、一か月の間に八回のオンラインのプログラムを実施しました。このうち一回目と八回目が能力判定。他の六回は高校生向けの日常的な話題を用いた英会話レッスンとなります。結果はといいますと、わずか八回でＣＥＦＲスコアがＡ２からＢ１に上昇した人も少なからずいました。

なお心理面でも興味深い結果が得られています。簡単なアンケートの結果、会話力が向上したＡ２の生徒の間では楽しさも上がっていることが分かりました。ただ、Ａ１の生徒では反対に楽しさが下がっていく傾向が見られまして、つまり中級以上の層にとっては会話型のトレーニングは効果的で学習意欲の高まりが見られた一方、初級者にとっては毎回が辛い時間になってしまったようです。こうした結果を踏まえまして、今年度は初級者に対して話の速度を遅くしたり、表現の言い換えをしたりといった工夫を検討しています。

このようにLANGX Speakingは進化を続けていまして、今は、やり取りの力や言語能力の向上に合わせてＡＩの見た目との間でも一貫性を持たせるべく、キャラクターエンジンの精度を向上させることで、会話のリアリティを高めようとしています。また判定をより人の成長を促すようなものにして、さらにユーザーのパーソナリティや今の能力や具体的な目標に基づいて、その人のための学習カリキュラムをその場で自動的に生成して提案できるよう、高度にパーソナライズされた学習コンテンツ生成エンジンに向けた進化を目指しています。

おわりに

最後に、今回お伝えしたかったのは、こうした技術の研究は人文学の方々と協力して初めて価値が出るものだということで、我々が文理融合チームであることを私は何より誇りにしています。またその人員の四割ほどを外国籍の人たちが占めていて公用語も英語が主流になっています。これが早稲田大学らしいチームだと自負しておりまして、今後もこうした形で様々な境界を越えて活動を続けていければと考えております。

私からの報告は以上になります。ありがとうございました。

総括討論①

信州大学工学部教授　香山　瑞恵
東北大学大学院教育学研究科教授　青木　栄一
株式会社エキュメノポリス代表取締役
早稲田大学知覚情報システム研究所客員准教授　松山　洋一
オンライン教育調査研究グループ②

近藤：それでは総括討論に移ってまいりたいと思います。司会をつとめさせていただきます社会科公共市民学専修の近藤と申します。よろしくお願いいたします。三人の先生方には、今日の社会と教育について考える上でとても重要なお話をいただきまして、ありがとうございました。

討論に入ります前に、二〇二三年の暮れに早稲田大学教育・総合科学学術院で専任教員を対象に実施したアンケート調査の結果について確認させていただければと思います。

このアンケートはとても簡単なものでしたが、結果から推測されるのは、AI、この場合特に生成AIということになりますが、その利用状況には学問分野ごとにかなりの違いがまだあって、それが教育の場での考え方にもグラデーションをもたらしているようだということです。つまり、それをレポート課題を出しにくくしているいわば不正のためのツールと捉えて否定したり、あるいは自分の学問分野にはまだ関係ないとする感覚がかなりの程度に見られる一方、それをどう教育と研究に適正に利用するかを考えるのが当然だとする意見の教員も相当おりまして、こうした受け止め方の幅の広さには、各教科の教員養成を行う教育学部の特徴を見ることができるように思います。ただ、様々な受け止め方が併存する状況というのは、必ずしも私たちの学術院にとどまるものではなく、程度の差こそあれ大学全体さらには日本の教育界全体に広がっているはずで、そうした認識のもとで、今回は香山先生、青木先生、松山先生から、それぞれのご研究について話をお聞かせいただいたということになります。

ご講演をうかがうかぎり、現実は私が気付かないでいるうちに想像よりもさらに先に進んでいるようで、不勉強を大いに反省している次第なのですが、ここからは先生方への質問を通しまして、より正確に現状を把握すると同時に、私たちが直面している課題について深く考えていければと考えております。では、ご意見やご質問のある方から、自由にお願いいたします。

前野：よろしいでしょうか。青木先生への質問なのですが、お話では、ロボット教師について英語ではたくさんの論文があるということでした。そうした研究の潮流について教えていただけますでしょうか。具体的には、ロボット教師を活用することによる教育の失敗が起こるというリスクやネガティブな面についての研究というのもたくさんあるということでしょうか。

青木：ご質問ありがとうございます。私の把握している潮流は二つあって、一つは前野先生が今ご指摘されたような潮流です。どちらかというと、教育学的というよりも技術的な実装上の問題を明らかにしようとする研究です。たとえば犯罪者として検出されるのが特定の人種に偏るとか、それが教室ではどうなるのかといったような研究です。

もう一つの潮流としては、先生役をするロボットが変な答えを生徒に返した時に、生徒はどう反応するのかという教育学的、教育心理学的研究もあります。たとえば小さい子どもでも、粘り強くロボット教師の変な答えを受け止めて、もう一度返答してあげる子もいれば、他の子に助けを求める子もいますし、そこでロボット教師とのコミュニケーションを止めてしまう子もいて、反応は様々です。このように、ロボット教師の失敗があるかもしれないけれども、それを人間がどう受け止めるかという形で、子どもに焦点を当てている研究がかなりあります。

三尾：私は香山先生に聞きたいのですが、最後のほうでＡＩ開発の課題についてお話がありました。この点について、私は、ＡＩがＡＩを敵対的に学習させてしまうということもあり得ると思うのです。たとえばフェイク動画を作って、それを相手のＡＩに送り込んで学習させるといったことの危険性はどうなのでしょうか。ロボットにはアシモフのロボット三原則がありますが、そのレベルの国際的なものができるという将来像があるのかどうか、特にＡＩの研究者の間でどういう動向なのかをお教えいただけませんでしょうか。

香山：倫理的な問題は常に付いてまわっていると思います。ただ、暴論になりますが、ＡＩ開発者のほうは、なかなか使われ方まではイメージできていない場合が多いのではないかと思います。

三尾：核兵器や生物工学と一緒で、技術者が考えていることと普通の人々の利用の間には、もうかなりの距離ができてしまっているように感じます。私もあえて暴論をいうと、強いＡＩよりも弱いＡＩにしておいて、いつでも人間がストップをかけられるようにしておかないと危険な気がします。また、ChatGPTのようなものについて、使う側の倫理教育というのはできるのでしょうか。僕はできないのならやめてしまったほうが良いと思っているのですが、この点について先生の意見をおうかがいしたいです。

香山：おおむね三尾先生に賛成します。セキュリティ・エンジニアリングみたいな、出てきた技術を安全に維持して社会に提供していくという新しい技術者や研究者が必要になってきているように感じます。その上で、全部が全部、ある領域の研究者に担っていただくというのはあまり現実的ではないようにも思います。得意な分野というか、問題意識を持って動ける人が動いていく形はどうなのかなと個人的には考えています。

また、使って初めて見えるようになる限界というのもあるのかなと思っていて、つまり技術が生まれて実際に使われて、また研究フィールドに戻ってくるということがあると思います。そのときに、技術としてはできるけどやらないという意識は次の世代に伝えていく必要があるでしょう。同時に、そこでは技術者倫理だけじゃなくて、利用者の倫理も重要なのではないか、そこで教育が果たす役割はすごく大きいんじゃないかと思います。

和田：利用者側の倫理に関連してお尋ねしたいのですが、やはり大学には、AIについてのいろいろな知識や情報を集めて分析した上でそれを活用するための原則を決めていくセクションが必要だと思います。そういう大学の事例をご存じでしたら、お教えいただけませんでしょうか。

香山：大学の中でそういうセクションを設けているところというのは、私は聞いたことがありません。ちなみに私が勤める大学は、利用は妨げないというのが基本的なスタンスです。授業で使う、使わないは教員に任されています。使ってはいけないという先生の授業ではやめましょうという雰囲気です。また、使っても良いという先生の中には、使った場合は、ここの部分は使ったと宣言して、入力したプロンプトも併せて出すよう求めている方もいます。ただ、積極的に使わせて、分析して、という組織は聞いたことがありません。

幸田：香山先生と青木先生に質問なのですが、まず香山先生には、運動部のような部活の指導員や顧問の代わりをＡＩができる可能性があるのかを、これからの可能性も含めてお教えいただければと思います。それから青木先生には教師の長時間労働についておうかがいしたいのですが、近年、外部移行とか民間委託といった話題は出ていますけども、なかなか進まないのは、単に人材がいないとかということだけではないように思います。つまり顧問に求められていることそのものに原因があって、要するに単に指導者としての力量というよりも、責任が取れるかどうかというところを含めて法的な面が問題になっているように思うのですが、仮にＡＩが部活の指導者になるようなことになった場合、どういう行政的な問題点や、あるいは可能性といったものがあるのか、そのあたりをお教えいただきたいと思います。

近藤：では青木先生からお願いできますでしょうか。

青木：ご質問ありがとうございます。おそらく部活動顧問の仕事を幾つかに分けると、技術指導はかなりＡＩに外注できるように思います。それに対して責任問題については、今も引率をどうするかということが問題になっていて、一部の県では日本中学校体育連盟などで部活動指導員の引率は駄目というところもあるようで、これはロボットにしても同じ問題が残りそうです。

近藤：では香山先生お願いします。

香山：これは青木先生のご指摘にも関係するところなのですが、顧問というのは、きっと見えない部分に多くの仕事があるのだと思います。現段階で実用化されているものとしては、たとえばパフォーマンス評価は、器械体操のようなものだけでなく、バレーボールやサッカーのようなチームスポーツについてもできるＡＩがすでにあります。バレーボールの例ですと、いまのスパイクの打ち方はいつもに比べて肩が上がっていなかったとか、その体のひねり方をすると腰を痛めるといったような、評価者としての役目をＡＩはできるわけです。

ただ、部活というコミュニティーを維持することを考えた場合、そういう機能を持ったＡＩが別途必要になるでしょう。今移動の話もありましたが、運転を自動化すれば良いというだけではなく、もっといろいろな面を見ていく必要があります。むしろＡＩを考えていくと、そもそも私たちが想定している仕事の本質って何だろうかとか、役割って何だろうかというのを再考する機会になるんじゃないかと思いました。

花嶋：松山先生にお尋ねして良いでしょうか。ご紹介いただいたシステムは素晴らしいものだと思うのですが、お話をうかがっていて考えましたのは、より高度になればなるほど、英語というよりもコミュニケーション能力を問うようなものになりはしないかということです。コミュニケーションが上手な人もいれば、そうじゃない人、たとえばじっくり深く考えて言葉を慎重に選んで発話する人もいると思うのですが、そこはどう考えたら良いでしょうか。

松山：そうですね。それって本当に英語学習なんですかっていうのは、よくいわれます。私は、これも英語学習だと思っていて、そもそもTutorial Englishになぜ感銘を受けたかというと、そういう授業だったからです。文法がどうだとかということよりも、どう伝えるのかを求める授業であるところに魅力を感じました。それで、こうした研究開発に取り組んだ次第です。

花嶋：もう一つお尋ねしたいことがございまして、私は専門柄、先天性の脳疾患を持っている方のことを考えてしまうのですが、そういう人にも、このシステムはうまく活用できるのかなと考えてみたのですが、どうでしょうか。

松山：おっしゃる通りでして、実際、今年の夏、ヒューストン大学から自閉症の方のためのスピーチセラピーの研究をされている先生がいらっしゃるのですが、このプラットフォームを使ってみる予定です。このときキャラクターの作り方などもとても重要で、あまりリアルにしたり、表情を出しすぎたりすると、かえって困ってしまうこともあるようで、そういうことも含めてデザインは慎重にしなければならないのですが、ただテーマとしてはとても重要だと考えています。

宮川：私も一つお尋ねして良いでしょうか。ご紹介いただきましたプログラムは英会話能力を評価するものとして開発されたというご説明でしたが、すでに学校でも試験的に使用されているということで、そこでの使われ方はむしろ学習支援なのかと感じました。この評価と学習支援というのはつながっていると考えて良いでしょうか。

松山：おっしゃるように、もともとはスピーキングテストとして始めたのですが、今年度は自己学習用に利用できるように広げて考えています。ただ、特に初等中等教育での利用については、ＡＩによる自己完結した教育プログラムを提供することが目的なのではなくて、教員やＡＬＴの方々がすでに作っている英語教育環境の中で、彼らが足りないところをＡＩがどう補うかというのがテーマになっています。つまり、教えたり励ますのは先生で、人的・時間的リソースが足りないスピーキングの練習やテストをＡＩが担当するという、そういう役割分担を考えています。

久野：私は言語学が専門で、人間の言語の構造や意味について普段考えているのですが、先生方のお話をうかがっていて一番興味を持ちましたのは、分かるということの本質とは何かということです。その点で、香山先生のご報告にありましたパンダの画像の話をとても興味深くお聞きしました。あの例から、ＡＩがものごとを分かる、認識するというのと、我々人間がものごとを分かるというのでは随分違うように思いました。そこでお尋ねしたいのですが、ＡＩにとって分かるというのは、どういうことなのでしょう。

たとえば語学の場合、ある程度正解と不正解があるわけですが、特に不正解については、間違え方は複数あって、つまり分からないことの原因の特定が必要になるはずですが、その分からない理由が分かるようなＡＩシステムというのは作れるのかなという疑問を持ちました。我々人間は、学生や生徒が分からなそうな顔をしていれば、話をちょっと聞いて、想像力で補っていくわけですが、こういうところをＡＩはどうするのか、あるいはしないのかについてお教えいただけますでしょうか。

香山：人工知能についていえば、分かることの本質というのは分からないという前提でいくことになると私は思っています。分かるというのは深遠なテーマで、人工知能においては、それはかなり限定した形で捉えられます。学習支援についてはパラダイムが幾つかあるのですが、私は、分かる・分からないというのは個人の脳の中の話なので、学びたいことをサポートするという役割に徹して人工知能を作っています。すらドリルやTOEIC CBTの場合、項目応答理論といわれるような理論が裏側にあって、ある問題を間違えた子にはこの問題を出す。この問題ができる子は、この問題も解ける可能性があるというふうに問題をレベル分けをして、次々に問題を出していくという形になっています。

浜：私はスペイン語を教えているのですが、この一年ぐらいで生成ＡＩがものすごい勢いで発展してきて、この分だと、もう外国語教師って要らなくなるんじゃないかなと思っていました。きょうは、青木先生の大学教員の固有性の話がとても興味深くて、そこでは教員のそれぞれの専門性が取り上げられていたと思うのですが、お話をうかがっていて思いましたのは、人間の教師が何のために必要なのかというと、それは究極的には学習を阻害するためではないのかということです。つまりあの教師が苦手だから私は勉強できないんだと学生に感じさせたりするという、こういうところに教師の存在意義はあるのではないか、これが固有性になるのではないかということです。マンツーマンで教えてくれるロボット教師をみんなが持つようになった時に何が起こりうるかというと、そのマイティーチャーは限りなく生徒好みで生徒を理解してくれるようになると思うんです。嫌なことをいわないし叱らないわけです。この叱らないというのが大事だと青木先生はおっしゃいましたが、私はそれだと逆に教育の本質が失われるんじゃないかと思います。というのは、教育には、何を学ぶのかを知らない生徒に、無理やり、ある意味暴力的に、ブルデューがいうところの象徴暴力をもって押し付ける側面があって、それは生徒にとって不快ですが、そういう厄介な他者と出会う場という意味が教室にはあると思うのです。このことについて青木先生はどうお考えになるか、お聞かせいただけますでしょうか。

青木：私もヒト教師の存在意義って、生徒に対してのざらつきみたいなものかなあと思っています。他方、先ほど申しあげた例のように、ヒト教師の機嫌が悪いときに生徒に八つ当たりするようなことは教育的に好ましくないと思います。部活動の話もそうなんですが、モチベーションを維持させてあげるとか、反発心を引き出すとかいうのは教師の存在意義だと思います。差し当たり開発の歴史からすると、そういうものはやっぱりヒトじゃないとなかなか代替できないように思います。ただ、未来の話をしますと、「ざらつき」を与えるプログラムを組めば、あえて生徒に不快な存在として、ロボットやＡＩがヒト教師の代替をできるようになるかもしれません。特に身体性を持ったロボットであれば、もしかしたらかなりの程度代替できるかなとも思いました。

近藤：青木先生、ありがとうございました。大変残念ですが、総括討論はここまでとさせていただきます。

最後に拙い感想を申しあげることをお許しいただければ、今回の討論から、ＡＩが持つ可能性だけでなく、より大きなインパクトにつきまして自分の問題として捉えることができるようになったと感じております。特に最近の急速な発展について多少なりとも知識を持ちますと、学校はもちろん、そこで働く教師を育てる大学も、相当の変革を求められていると実感せずにはいられないというのが正直なところです。この変革は本当に大規模なものになりそうで、その過程でどういう価値観や利害に基づく力学が交錯するのかは想像もできませんが、ただ私たちが何らかの対応をすることもまた、この過程への参画を意味しますから、そこではスピード感とともに慎重さも求められているということになろうかと思います。また同時に、このプロセスはグローバルに進行しているものでもありますから、本当に視野を広く取って日々の判断をしていくことが必要だと改めて実感させられました。

本日は時間の制約もございまして、充分な議論ができませんでしたが、今回得ることのできた気づきを今後の教育と研究に活かしていければと考えております。最後に改めまして、ご講演ならびに総括討論にご参加いただきました香山先生、青木先生、松山先生に心からお礼を申しあげまして、この会を閉じたいと思います。ありがとうございました。

注

（1）この「総括討論」は、二〇二四年一月二九日と七月二〇日の二回にわたって行われた研究会での議論を読みやすくするために便宜的に一つにまとめる形で作成されています。

（2）早稲田大学教育・総合科学学術院オンライン教育調査研究グループのメンバーは、四六ページ以下の著者略歴に示した通りです。なお、研究会はグループのメンバー以外の参加者も出席する形で開催されましたが、学術院執行部からの特別委員を除いてお名前は省略しております。

「早稲田教育ブックレット」№.33刊行に寄せて

三尾　忠男

本書は、本研究所の重点研究部会「情報通信技術の発展が大学教育に与える影響に関する調査・研究―オンライン授業ならびにAI利用が広がるなかで教育目標・内容・方法を再考する―」（二〇二三〜二〇二四年度、研究代表：教育・総合科学学術院宮川健教授）が、二〇二四年一月二九日と七月二〇日に開催した研究会の内容をもとに構成したものです。本研究所では、学内公募により応募された研究企画を審査の上、一般研究部会として採択し支援しております。その中で、教育研究推進のうえで特に重点をおくにふさわしいと判断される課題を重点研究部会として定めております。

本書には二回の研究会で計三件の講演の内容が集録されています。一月の研究会では、AIの性能と限界について考察を試み、さらに教育の未来像としてロボット教師を軸に教員養成のあり方に至る議論をしています。七月の研究会では、AIの社会実装の実例である大学教育における語学の能力判定システムを言語教育とAI研究者が連携して開発・運用していることについて報告されました。

AI技術の発展と生活への浸透は私どもの予想を超えています。ChatGPTは、そのプロトタイプが二〇二二年一一月三〇日に公開され、瞬く間に広まりました。翌年七月四日に文部科学省が「生成AIの利用に関する暫定的なガイドライン」を公表し、児童生徒が夏休みの課題等で文章生成AIを無秩序に活用することへの注意を喚起しています。大学でも学生がレポートでAIを使用することへの対応が必要となる事態になりました。また、IT関連企業による独自の生成AIの発表と一般利用が急激に加速度的に広がり、フェイク画像・映像というマイナス面が社会問題になっています。このAI社会への移行の初期である今、本書が刊行され、教育関係者のみならず多くの方の目に触れ、デジタル市民のあり方を考える契機となることを期待したいと思います。

（早稲田大学教育総合研究所　所長）

著者略歴（2025年３月現在）

香山　瑞恵（かやま　みずえ）
信州大学学術研究院（工学系）教授　博士（工学）
略歴：電気通信大学大学院情報システム学研究科博士前期課程修了後、同後期課程修了。電気通信大学大学院情報システム学研究科助手、専修大学ネットワーク情報学部助教授、信州大学工学部准教授を経て現職。専門は教育工学、特に学習支援工学。
主要業績：『情報教育事典』（丸善出版、二〇〇八）、『人工知能と教育工学』（オーム社、二〇〇八）、『ＡＩのひみつⅠ』『同Ⅱ』「同Ⅲ」（フレーベル館、二〇一七）、*Smart Learning Environments in the Post Pandemic Era*（Springer、二〇二四）など。

青木　栄一（あおき　えいいち）
東北大学大学院教育学研究科教授　博士（教育学）
略歴：東京大学教育学部卒業後、同大学大学院教育学研究科博士課程修了。国立教育政策研究所研究員、東北大学大学院教育学研究科准教授を経て現職。専門は教育行政学。
主要業績：『教育行政の政府間関係』（多賀出版、二〇〇四）、『地方分権と教育行政―少人数学級編制の政策過程』（勁草書房、二〇一三）、『文部科学省―揺らぐ日本の教育と学術』（中公新書、二〇二一）。編著書に『文部科学省の解剖』（東信堂、二〇一九）、監訳書に『アメリカ教育例外主義の終焉―変貌する教育改革政治』（東信堂、二〇二一）など。

松山　洋一（まつやま　よういち）
株式会社エキュメノポリス代表取締役・早稲田大学グリーン・コンピューティング・システム研究機構知覚情報システム研究所客員主任研究員（研究院　客員准教授）博士（工学）
略歴：早稲田大学基幹理工学研究科情報理工学専攻で博士（工学）取得後、米国カーネギーメロン大学言語技術研究所およびヒューマン・コンピュータ・インタラクション研究所博士研究員を経て、二〇一九年に早稲田大学知覚情報システム研究所主任研究員（研究院　准教授）に着任。一連の研究成果の社会実装を目的に、二〇二二年に株式会社エキュメノポリスを創業。専門は、マルチモーダル対話システム開発。

早稲田大学教育・総合科学学術院オンライン教育調査研究グループ（二〇二三年四月〜二〇二五年三月）

梅永 雄二（うめなが　ゆうじ）教育学科教育学専攻教育心理学専修　教授　特別支援教育

大泉 義一（おおいずみ　よしいち）教育学科初等教育学専攻　教授　美術教育

神尾 達之（かみお　たつゆき）複合文化学科　教授　身体表象論

菊地 栄治（きくち　えいじ）教育学科教育学専攻教育学専修　教授　教育経営学

久野 正和（くの　まさかず）＊英語英文学科　教授　英語学

幸田 国広（こうだ　くにひろ）国語国文学科　教授　教科教育学

近藤 孝弘（こんどう　たかひろ）社会科公共市民学専修　教授　政治・歴史教育学

佐藤 隆之（さとう　たかゆき）教育学科初等教育学専攻　教授　教育思想

澤木 泰代（さわぎ　やすよ）英語英文学科　教授　応用言語学

根津 朋実（ねつ　ともみ）教育学科教育学専攻教育学専修　教授　カリキュラム

野口 穂高（のぐち　ほだか）大学院教育学研究科高度教職実践専攻　教授　特別活動

花嶋 かりな（はなしま　かりな）理学科生物学専修　教授　発生学

浜　邦彦（はま　くにひこ）＊複合文化学科　准教授　ラテンアメリカ・カリブ地域研究

濱中 淳子（はまなか　じゅんこ）教育学科教育学専攻生涯教育学専修　教授　教育社会学

堀　正士（ほり　まさし）教育学科教育学専攻教育心理学専修　教授　精神神経科学

本田 恵子（ほんだ　けいこ）教育学科教育学専攻教育心理学専修　教授　学校心理学

前野 利衣（まえの　りえ）教育総合研究所　助教　東洋史

三尾 忠男（みお　ただお）教育学科教育学専攻教育学専修　教授　教育工学

満下 健太（みつした　けんた）静岡大学学術院グローバル共創科学領域　助教　認知心理学

宮川　健（みやかわ　たけし）数学科　教授　数学教育学

守屋 和佳（もりや　かずよし）＊理学科地球科学専修　教授　層位・古生物学

和田 敦彦（わだ　あつひこ）国語国文学科　教授　日本近代文学

＊印は学術院執行部からの特別参加委員。

なお本書の編集ならびに元となる研究会は、早稲田大学大学院教育学研究科学生の杉原雅弥氏と孕石亮太氏の協力を得て行われました。お二人に感謝申し上げます。